NATIONAL GEOGRAPHIC

Flowers for Grandma

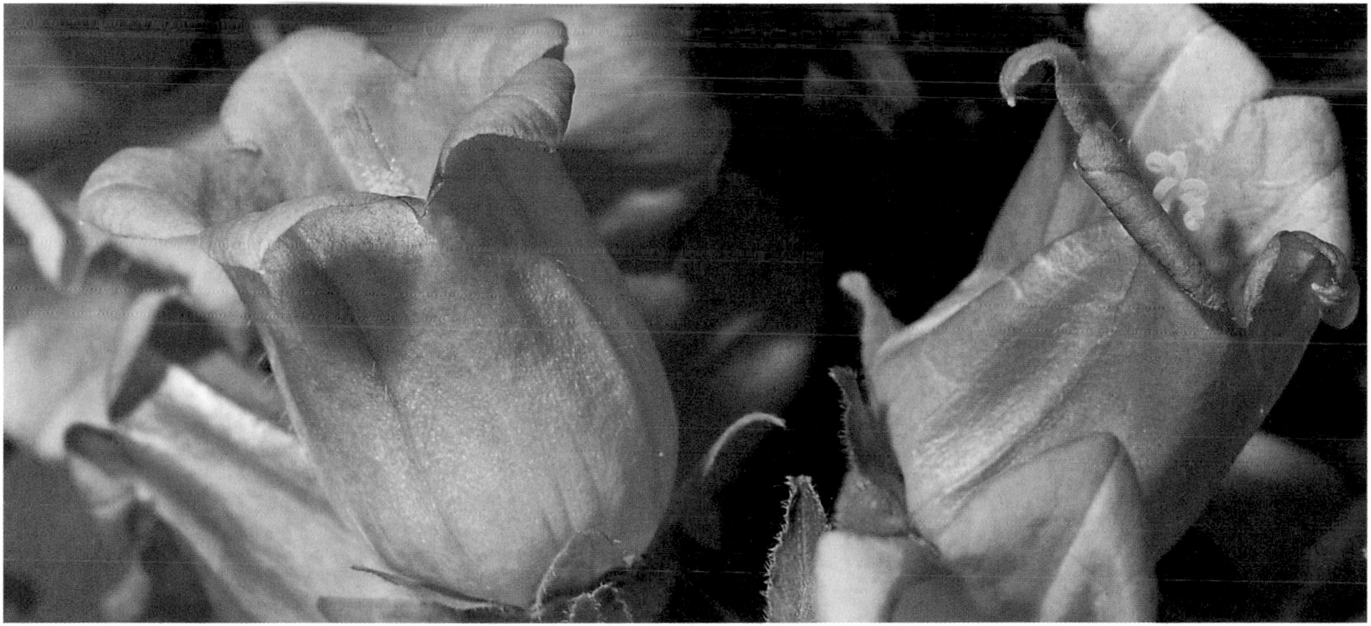

Karl Jensen

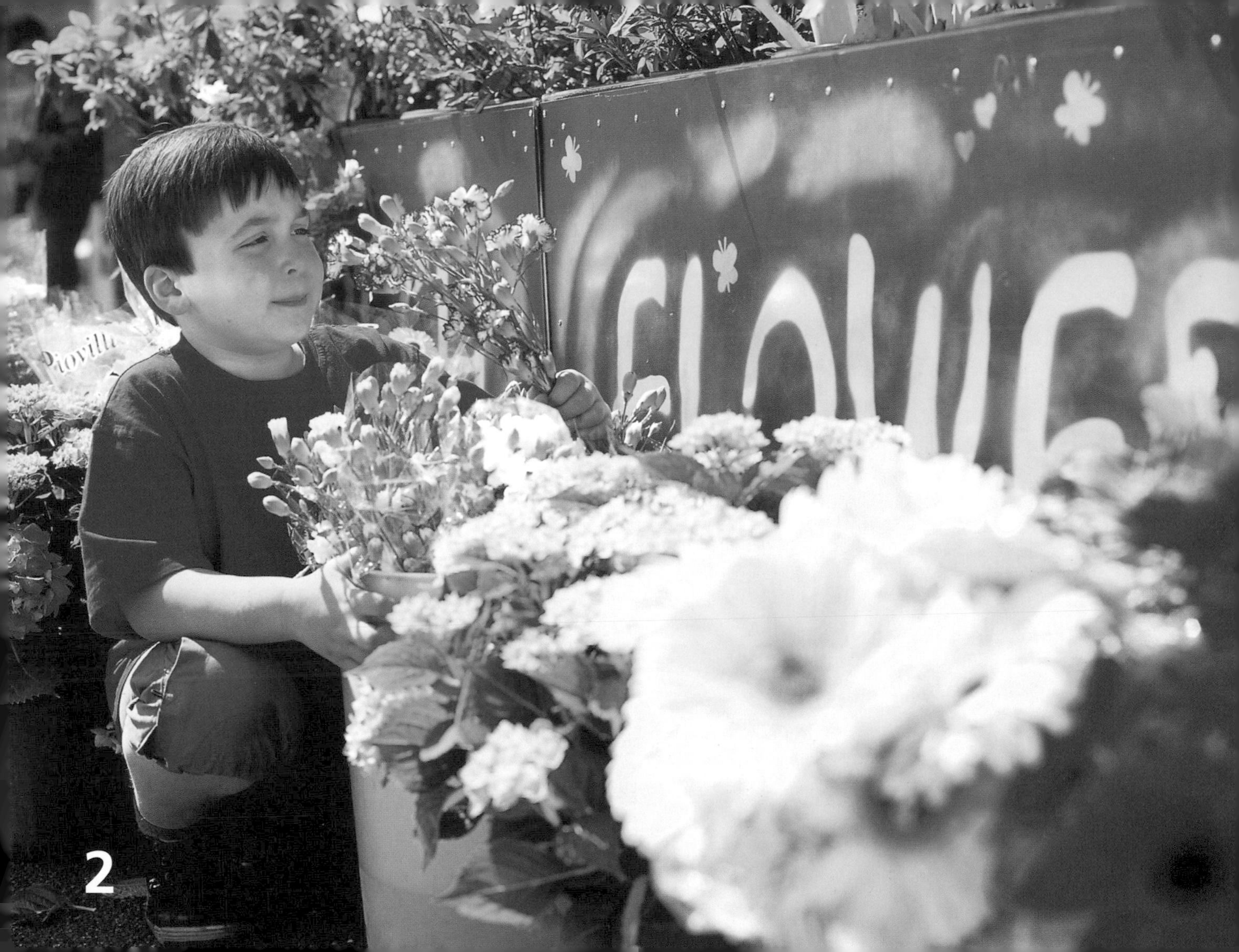

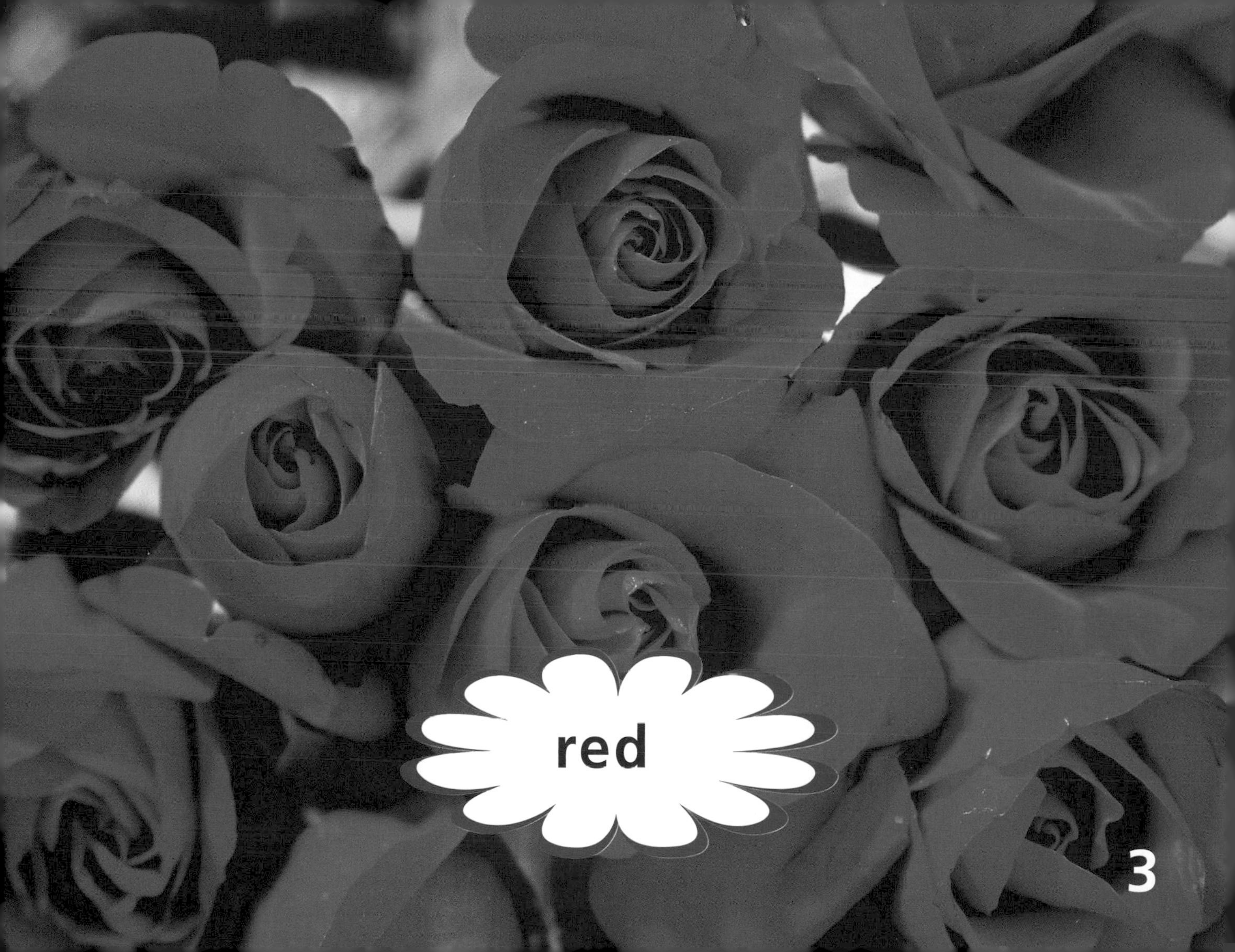
red

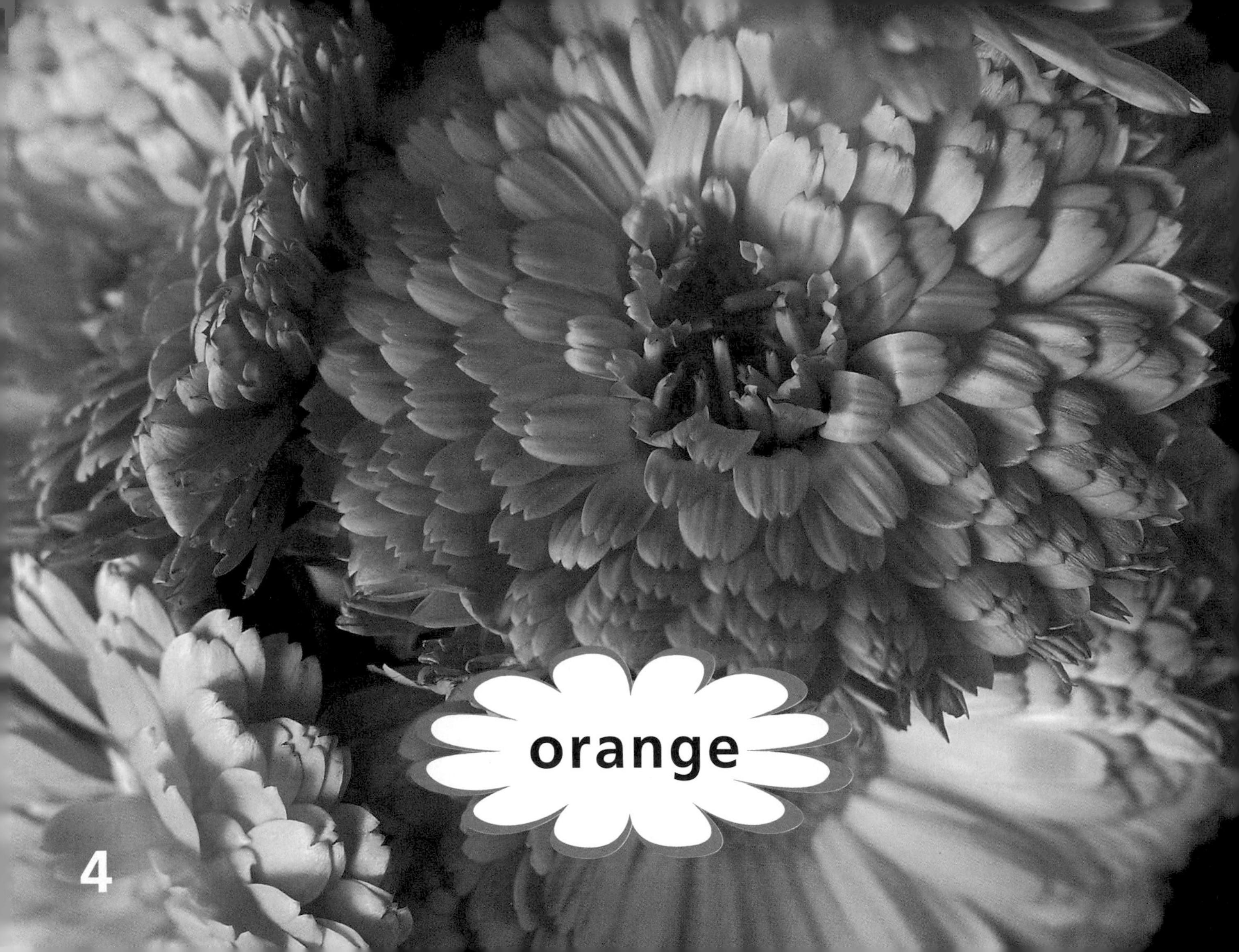

orange

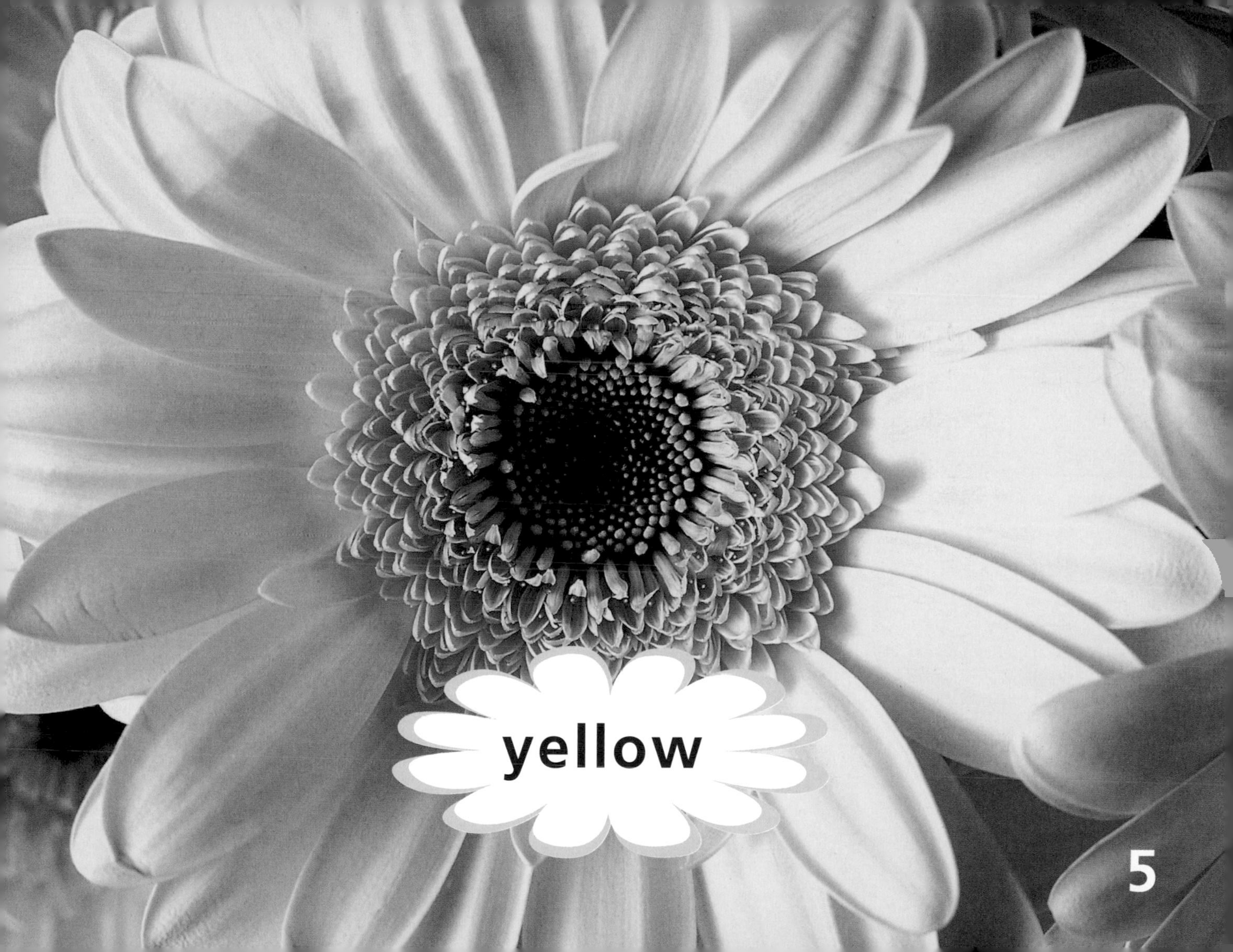

yellow

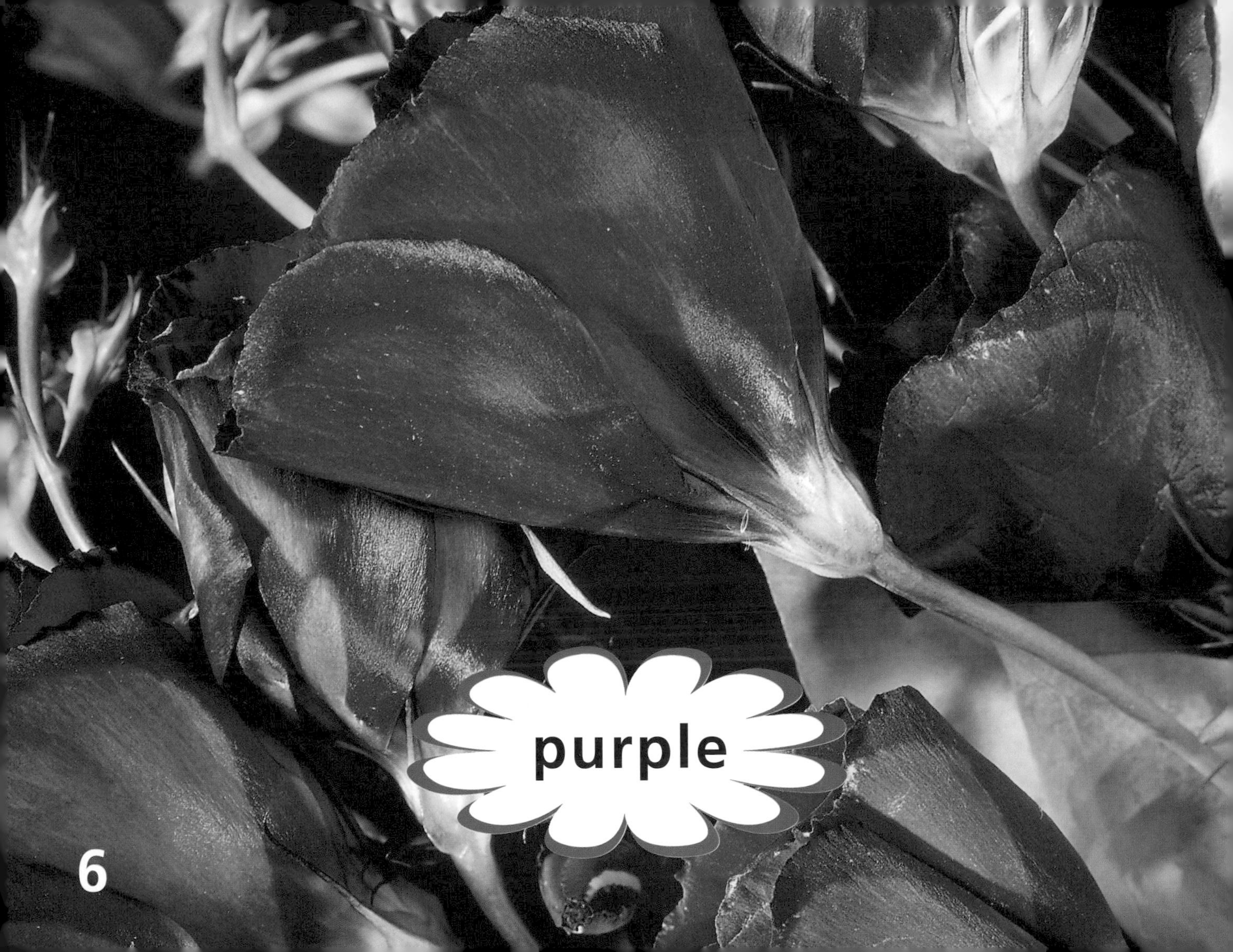
purple

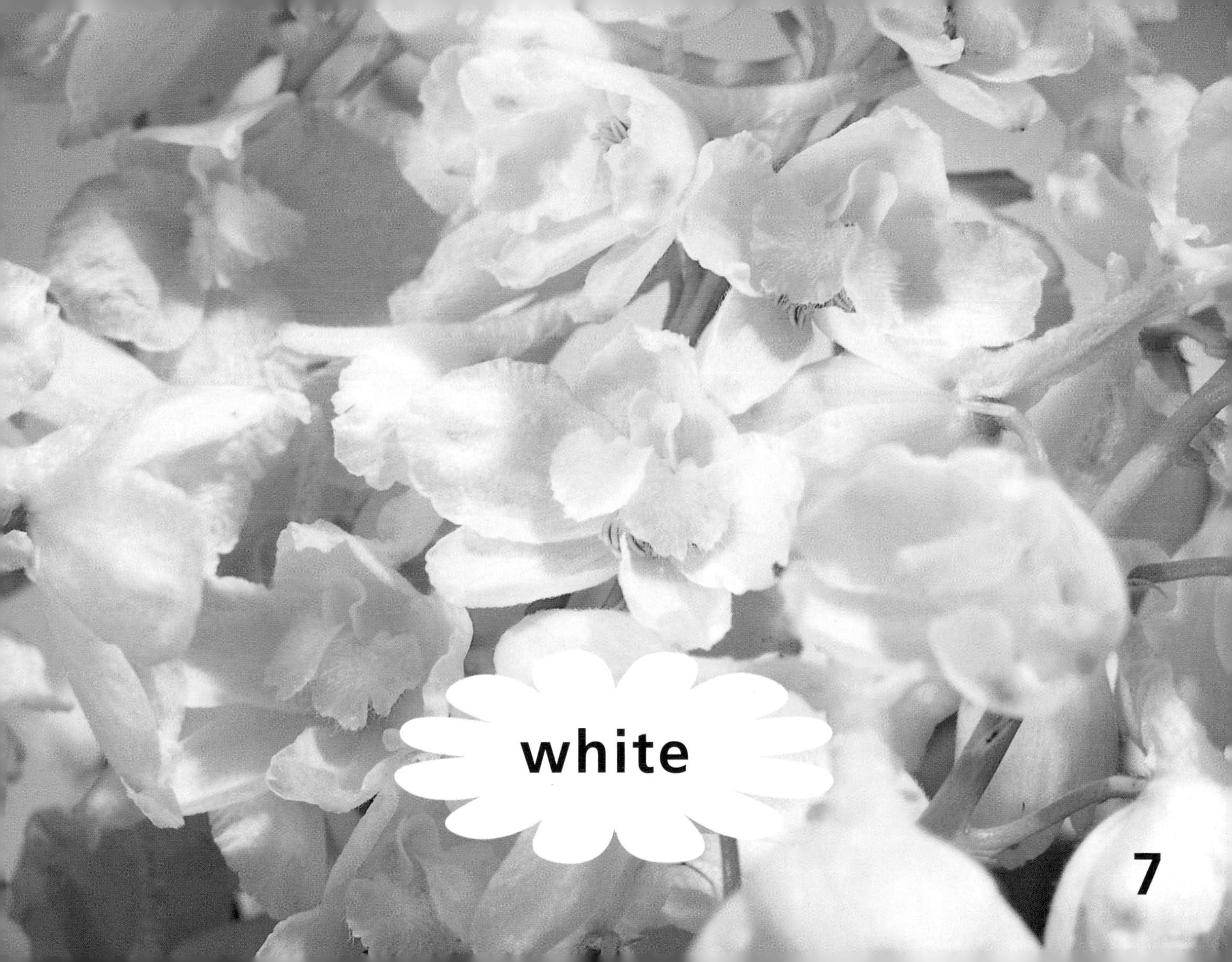
white

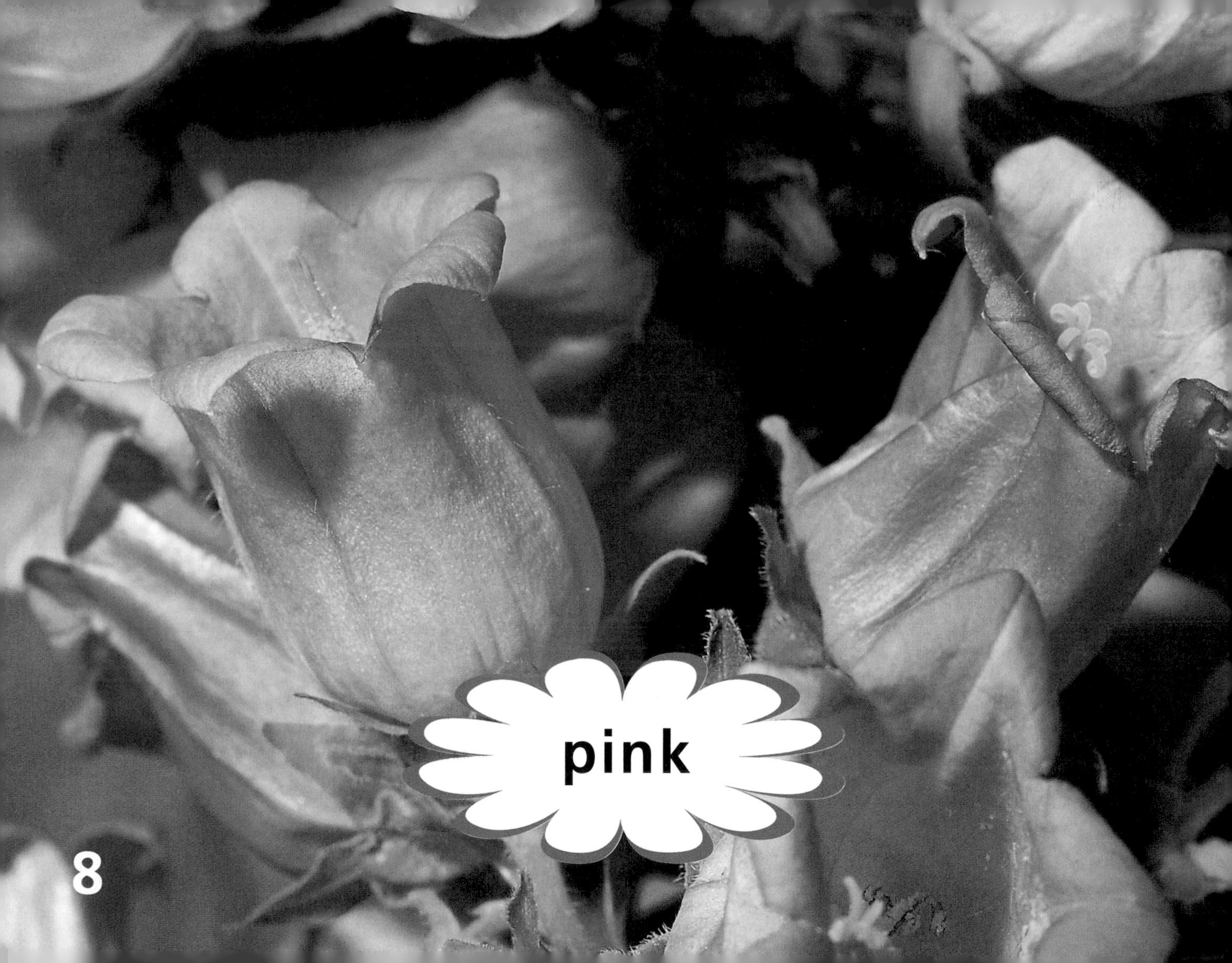

pink

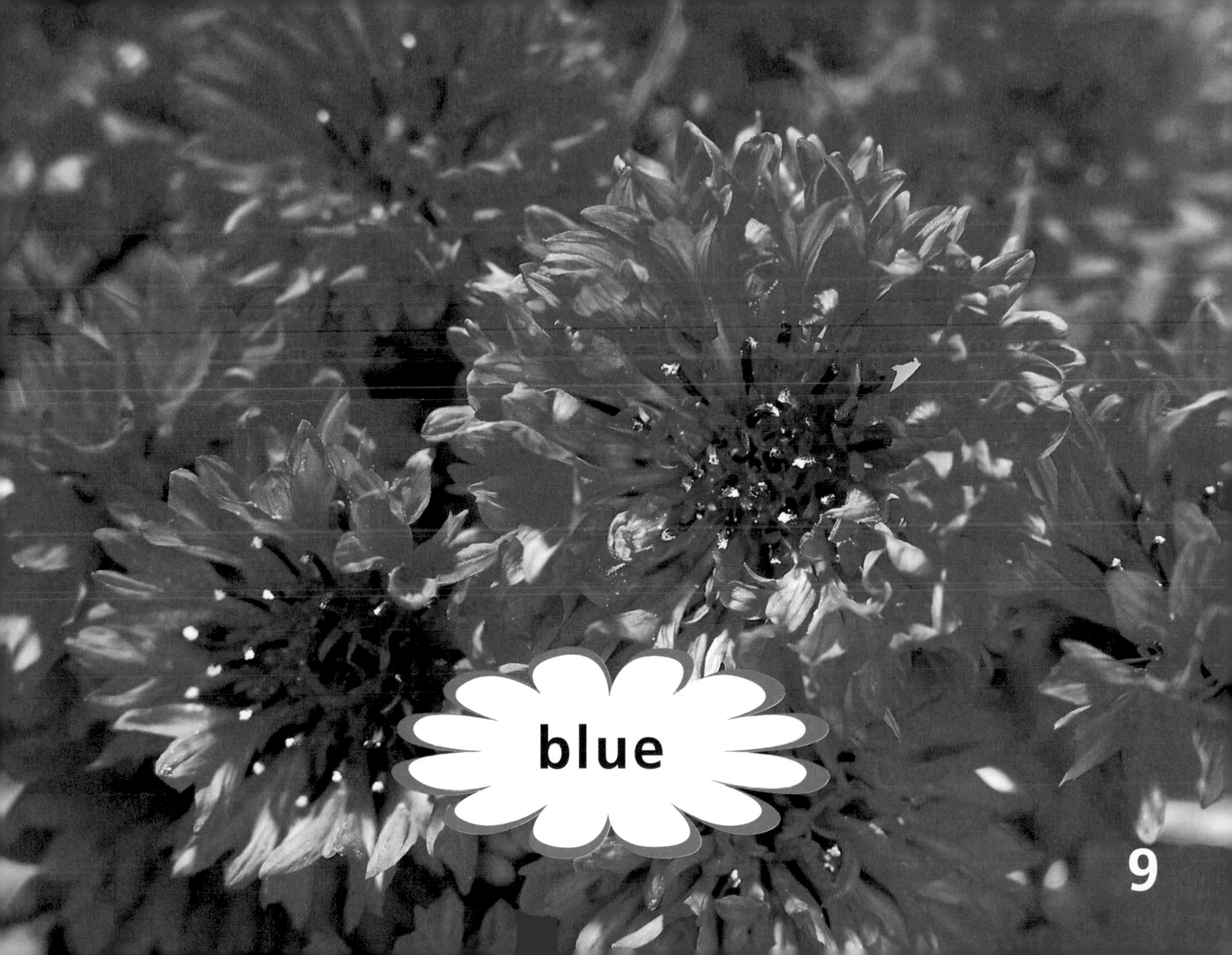

blue

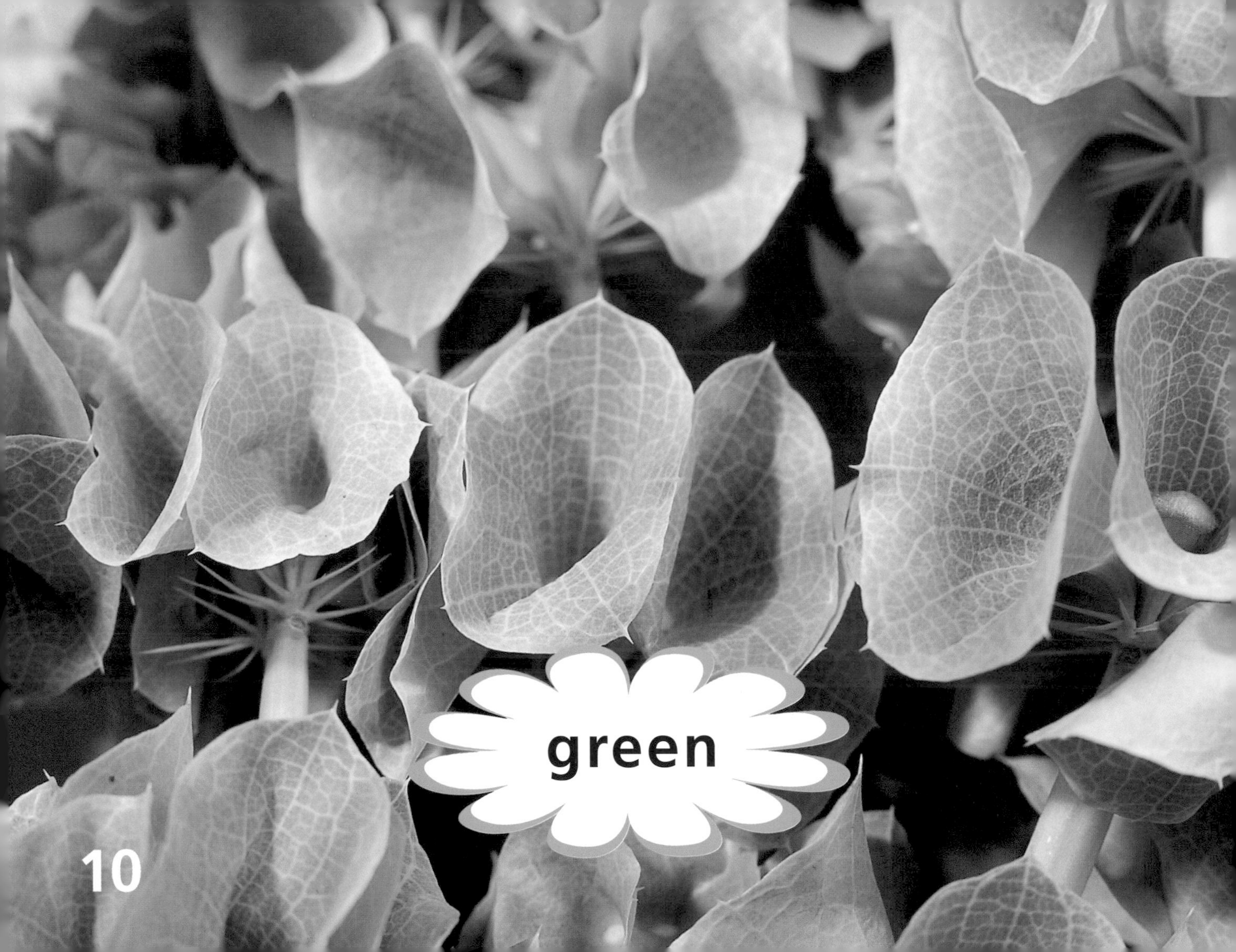

green

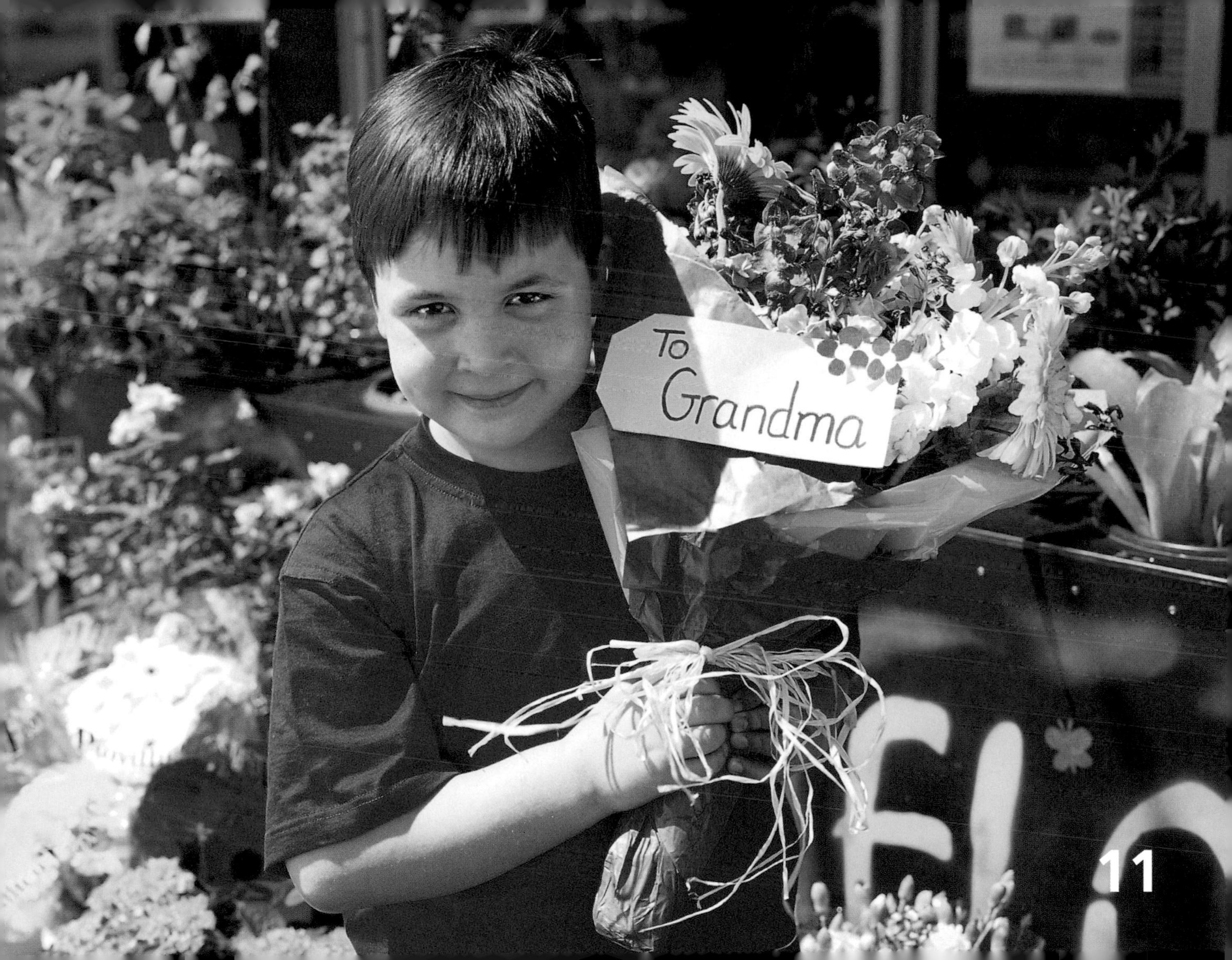
To Grandma

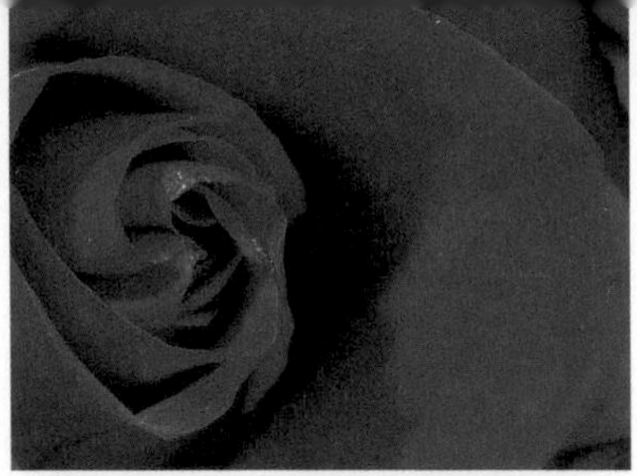

red

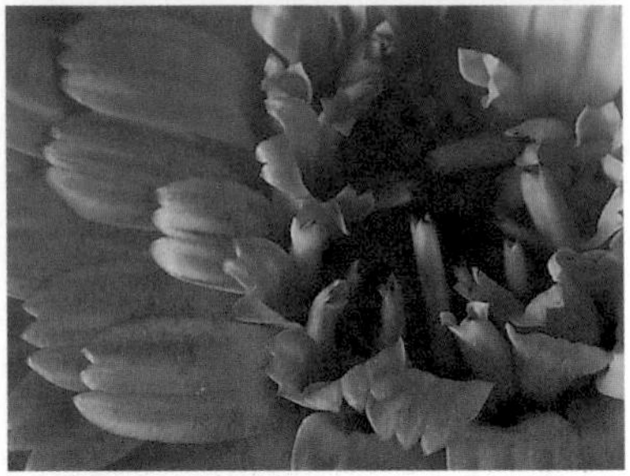

orange

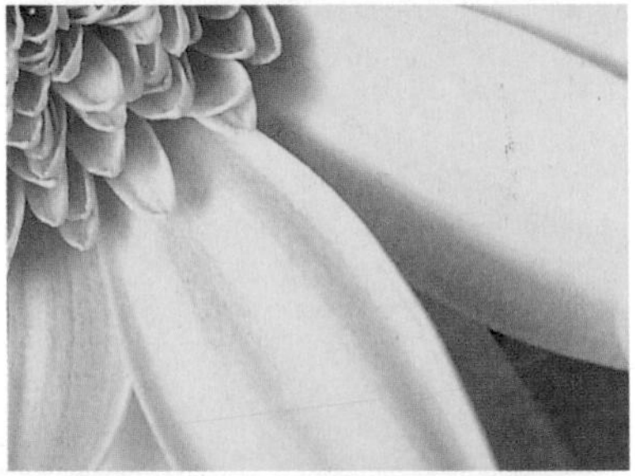

yellow

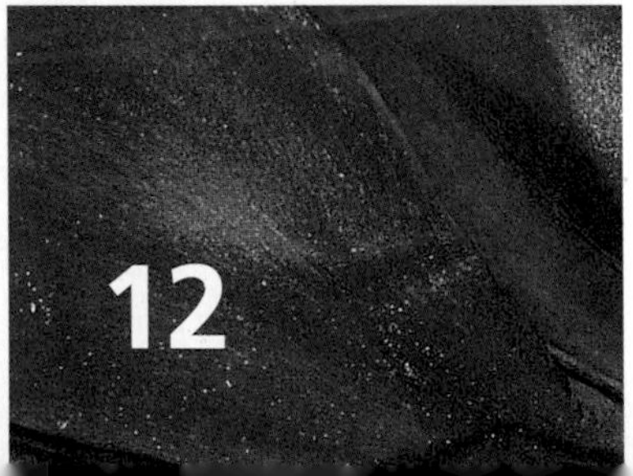

purple

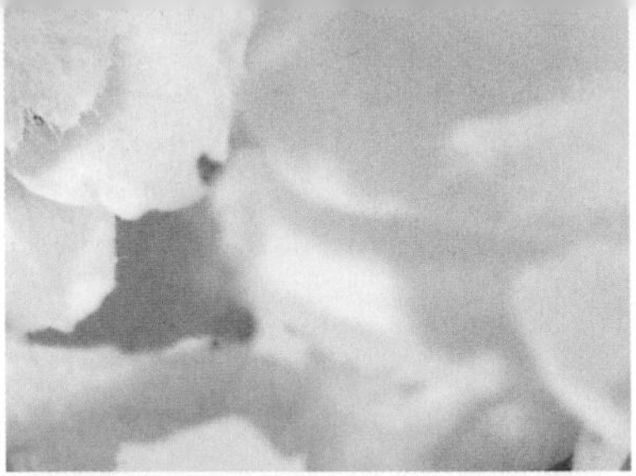

white

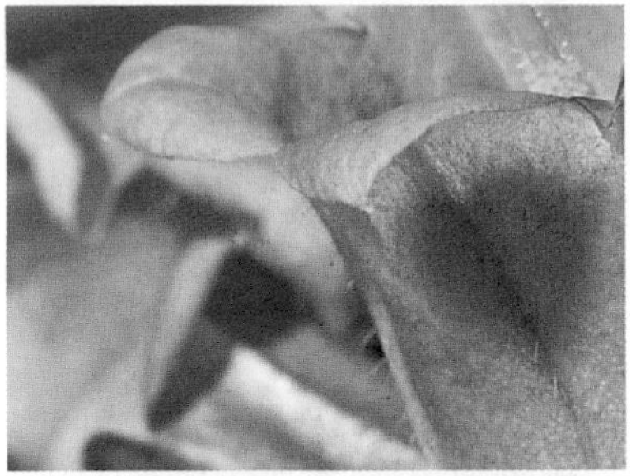

pink

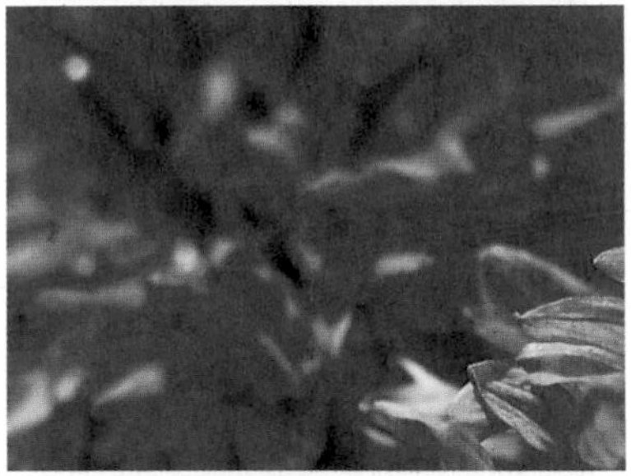

blue

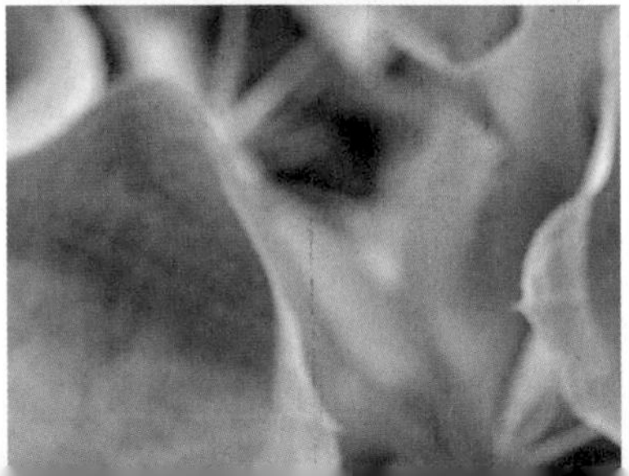

green